NOTE

SUR

L'INDUSTRIE MINÉRALE

AU JAPON

PAR

M. Paul JORDAN

Ingénieur des Mines

[Extrait des Annales des Mines, livraison de Novembre 1898.]

PARIS

Vᵉ Ch. DUNOD, ÉDITEUR

LIBRAIRE DES CORPS NATIONAUX DES PONTS ET CHAUSSÉES, DES MINES
ET DES TÉLÉGRAPHES

49, Quai des Grands-Augustins, 49

1898

NOTE

sur

L'INDUSTRIE MINÉRALE AU JAPON

TOURS. — IMPRIMERIE DESLIS FRÈRES.

NOTE

SUR

L'INDUSTRIE MINÉRALE

AU JAPON

PAR

M. Paul JORDAN,

Ingénieur des Mines.

(Extrait des ANNALES DES MINES, livraison de Novembre 1898.)

PARIS

Vte Ch. DUNOD, ÉDITEUR

LIBRAIRE DES CORPS NATIONAUX DES PONTS ET CHAUSSÉES, DES MINES
ET DES TÉLÉGRAPHES
49, Quai des Grands-Augustins, 49

1898

NOTE

L'INDUSTRIE MINÉRALE AU JAPON

Les renseignements qui suivent proviennent de diverses sources : les uns ont été recueillis directement par nous dans les diverses exploitations que nous avons visitées, pendant le mois d'octobre 1897, dans les trois îles d'Honshiu, de Kiushu et de Shikoku ; notre temps étant malheureusement trop limité, nous n'avons pas pu pousser jusque dans l'île d'Hokkaïdo. Les autres ont été, pour la plus grande partie, empruntés à des publications du Ministère de l'Agriculture japonais dont dépend le service des mines ; quelques-uns, enfin, ont été puisés dans des publications commerciales et industrielles anglaises et américaines.

LA HOUILLE.

Parmi les produits du sous-sol japonais, la houille figure au premier rang : en 1895, la production de l'ensemble des mines de l'empire s'est élevé, à 4.772.656 tonnes(*), chiffre qui dépasse de plus de 500.000 tonnes celui de 1894. Le tableau suivant qui donne, année par année, de 1891

(*) La tonne dont il s'agit est la tonne anglaise de 2.240 lbs avoir-depoids (environ 1.009 kilogrammes).

à 1895, la production des mines du Japon, permet d'ailleurs
de se rendre un compte exact de la rapidité du développement de l'industrie de la houille dans ce pays.

1891 . . . .   3.175.844 tonnes
1892 . . . .   3.175.610   —
1893 . . . .   3.319.601   —
1894 . . . .   4.268.135   —
1895 . . . .   4.772.656   —

Au Japon, de même que dans presque tout le bassin
Pacifique, la houille est secondaire ou tertiaire; il existe
dans l'archipel deux aires principales de terrains de cet
âge (Voir la carte, Pl. VIII): l'une dans l'île d'Hokkaido,
l'ancienne Yeso; nous reviendrons tout à l'heure sur les
bassins houillers qui s'y trouvent. L'autre occupe tout le
nord-ouest de l'île de Kiushu (les Neuf Provinces) et,
franchissant le détroit de Shimonoseki, se prolonge dans
la préfecture de Yamaguchi. Les exploitations de cette
région fournissent à elles seules plus de 87 p. 100 de la
production totale du Japon. Le tableau suivant indique
d'ailleurs comment, pendant les deux années 1894 et 1895,
l'extraction s'est répartie entre les différentes préfectures.

		1894 tonnes	1895 tonnes	1895 P. 100 du total
Kiushu	Fukuoka	2.728.414	3.405.141	65
	Saga	323.825	395.580	8,3
	Nagasaki	442.954	413.782	8,6
	Kumamoto . .	40.319	35.036	0,7
Honshiu (Nippon)	Yamaguchi . .	187.112	203.213	4,5
	Fukushima . .	44.937	54.968	1,1
	Wakayama . . .	44.768	35.155	0,7
Hokkaido (Yeso)		387.634	456.880	9,6
Divers		71.172	72.901	1,5
		4.268.135	4.772.656	100,00

La préfecture de Nagasaki (le Long Cap) est celle où l'exploitation de la houille est la plus ancienne ; mais actuellement sa production est en légère décroissance. L'îlot de Takashima (*), à une dizaine de milles au large de Nagasaki, a vu son extraction tomber à un peu plus de 100.000 tonnes par an. La houille qui en provient figure parmi les meilleures houilles japonaises ; elle est tout particulièrement recherchée pour la fabrication du coke. Par la proportion de carbone fixe qu'elle contient elle se trouve sur la limite des houilles sèches et des houilles grasses à longue flamme ; en voici d'ailleurs une analyse :

Eau	1,80
Carbone fixe	56,40
Matières volatiles	35,50
Cendres	6,35
Soufre	0,72

La préfecture de Saga a une production presque égale à celle de la préfecture de Nagasaki, les mines les plus importantes se trouvent au voisinage immédiat du port de Karatsu, sur la côte nord-ouest de l'île de Kiushu.

Cours des charbons à Karatsu en 1895.

Mois	Maximum yens (*)	Minimum yens	Moyenne yens
Janvier	3,95	2,07	3,31
Février	4,50	3,11	3,48
Mars	4,50	3,11	3,48

(*) C'est un pléonasme de dire l'îlot de Takashima ; le mot *shima* signifiant île, tandis que *taka*, contraction de *takai*, signifie haut, *élevé*.

(**) Jusqu'en novembre 1897, l'étalon monétaire au Japon était le yen d'argent contenant 24^{gr},26112 d'argent fin (« yen » est la prononciation chinoise du caractère qui signifie rond). La valeur du yen exprimé en francs était soumise à des fluctuations considérables, par suite de la variation du cours de l'argent. En octobre 1897, cette valeur était tombée à 2 fr. 555. Depuis le mois de novembre dernier, le Japon a adopté l'étalon d'or : l'unité monétaire est le yen d'or contenant deux « fun » d'or (0^{gr},750) et valant 2 fr. 58. L'ancien yen d'or contenait quatre « fun » d'or. Il en existe encore quelques-uns dans la circulation ; ils ont une valeur double de la valeur nominale.

Mois	Maximum yens	Minimum yens	Moyenne yens
Avril...............	4,50	3,11	3,48
Mai...............	4,50	3,11	3,48
Juin...............	5,35	2,89	3,22
Juillet............	3,80	2,83	3,16
Août...............	3,80	2,83	3,16
Septembre........	4,46	3,36	3,70
Octobre...........	4,46	3,36	3,70
Novembre.........	4,64	3,63	3,90
Décembre.........	4,64	3,53	3,90

A l'heure qu'il est, c'est la préfecture de Fukuoka qui tient incontestablement le premier rang pour la production de la houille. Il y existe deux bassins bien distincts : celui du nord, qu'on pourrait appeler bassin de Moji(*), du nom du port d'exportation des charbons, est de beaucoup le plus important comme tonnage (sa production annuelle dépasse deux millions de tonnes) ; mais ce tonnage se trouve réparti en un très grand nombre d'exploitations dont aucune n'a une extraction considérable. En 1894, la production de la mine de Namazuda n'a été que de 165.588 tonnes ; celle d'Akaike, 138.153 tonnes ; celle de Shinniu, 125.661 tonnes ; celle de Kawamiya, 110.437 tonnes ; celle de Katsuno, 106.138 tonnes, etc. (**).

La région houillère a, du nord au sud, une centaine de kilomètres de longueur ; dans le sens de la largeur, elle se trouve divisée en deux cuvettes distinctes par un axe anticlinal. Namazuda est relié par chemin de fer au port de Wakamatsu ; un embranchement dessert Akaike, Kanada et les différentes mines de la cuvette de l'est. A Wakamatsu, les charbons sont chargés sur des jonques et transportés à Moji où on les transborde sur des vapeurs.

(*) Moji se trouve sur le détroit de Shimonoseki, vis-à-vis de la ville de ce nom.

(**) Ces chiffres sont empruntés à une publication américaine : *Commerce and industries of Japan ; a report of investigation conducted by* ROBERT P. PORTER. Philadelphie, 1897.

Cours des charbons à Wakamatsu en 1895.

	1re qualité yens	2e qualité yens	3e qualité yens
Janvier	4,24	3,02	2,35
Février	4,12	2,94	2,30
Mars	4,20	3,36	2,52
Avril	4,28	3,36	2,60
Mai	3,99	3,19	2,48
Juin	3,75	3,02	2,31
Juillet	3,73	3,02	2,23
Août	3,60	3,02	2,16
Septembre	3,58	3,06	2,10
Octobre	3,57	3,02	2,10
Novembre	3,56	3,01	2,02
Décembre	3,51	2,97	2,02
Moyenne	3,84	3,08	2,27

Les charbons de la première qualité proviennent des mines de Akaike et de Oojiro ; ceux de la deuxième viennent de Ootsuji, Nookata et Hondo ; ceux de la troisième, enfin, viennent de Hioshida et de Fukasaka.

Le bassin de Miike (les Trois Étangs), sur la côte est de la baie de Shimbara, a une production annuelle un peu inférieure à un million de tonnes ; mais toute cette production est le fait d'une seule Compagnie, la Mitsui Kozan Kaisha.

Les couches reconnues sont au nombre de deux : la couche supérieure, connue sous le nom de couche de 8 pieds, a une puissance moyenne de 2^m,50 ; exceptionnellement elle atteint 6 mètres. A 3 mètres en dessous de cette couche s'en trouve une autre de 1^m,80 d'épaisseur environ. Cette seconde couche n'a encore été exploitée qu'aux affleurements et uniquement pour la consommation locale.

Les couches présentent une grande régularité. Elles affleurent suivant une ligne perpendiculaire au rivage, à hanteur de la ville d'Omuta, et plongent vers le sud avec une inclinaison d'environ 10 centimètres par mètre ; à l'ouest, elles n'ont pas encore été reconnues sous la baie de Shimbara ; à l'est, à environ 6 kilomètres de la mer, elles se relèvent brusquement en formant un dressant et viennent affleurer suivant une ligne presque parallèle à la côte.

En profondeur, la houille a été reconnue par cinq puits et neuf sondages, dont le plus profond, partant d'un niveau à peine supérieur à celui de la mer, vient recouper la couche de 8 pieds à une profondeur d'environ 240 mètres.

On a donc dès maintenant plus de 50 millions de tonnes en vue, sans tenir compte de ce qu'on pourra exploiter sous la baie de Shimbara.

Actuellement l'extraction se trouve répartie entre quatre champs d'exploitation : Oura, Miyanoura, Nanaura et Kachidachi. A Oura, l'extraction se fait par un plan incliné de 1.400 mètres de longueur. Dans les trois autres mines, l'extraction se fait par puits. Le puits de Kachidachi, dont le fonçage n'a été achevé qu'en 1874, a une profondeur de 120 mètres. Les deux puits de Nanaura, qui datent de 1882 et de 1883, ont des profondeurs de 60 et 66 mètres ; ils sont circulaires et mesurent 4^m,20 de diamètre. Le puits de Miyanoura, achevé en 1887, est rectangulaire : il a 5^m,40 de longueur sur 3^m,60 de largeur ; sa profondeur n'est que de 47 mètres.

L'exploitation se fait par la méthode des piliers tournés. Une fois arrivé à l'extrémité du champ d'exploitation, on dépile en battant en retraite. On n'introduit pas de remblais ; on soutient le toit de la façon suivante : une série de bois sont couchés horizontalement côte à côte ; on pose ensuite une deuxième assise de bois perpendiculaires aux premiers, puis une troisième, et ainsi de suite jusqu'à la couronne. On forme ainsi de véritables piliers analogues à ceux qu'on voit dans les chantiers de bois, mesurant souvent 10 à 12 mètres de longueur sur 5 à 6 de large.

Les couches de Miike ne sont pas grisouteuses, et l'on n'y fait usage que de lampes à feu nu. Le seul ennemi qu'on ait à combattre est l'eau. L'entretien d'eau de la mine de Nanaura est de 4.300 mètres cubes. L'épuisement se fait par une pompe Davey.

Un des traits les plus originaux de l'exploitation de Miike est l'emploi de la main-d'œuvre pénale concurremment avec la main-d'œuvre libre. A Nanaura, on emploie au fond 444 condamnés et 287 travailleurs libres. Au jour, on occupe 425 travailleurs libres et 9 condamnés seulement. Les condamnés travaillant à la mine jouissent d'une liberté relative ; aussi n'y emploie-t-on que les forçats les mieux notés.

Le salaire des ouvriers libres varie de 30 à 40 sens par jour (0 fr. 75 à 1 franc). Dans ces conditions, le prix de revient serait, d'après les ingénieurs japonais de Miike, d'environ 2 yens un quart (environ 5 fr. 80).

Pour compléter ce qui a trait à la main-d'œuvre, il convient de noter la construction, par la Mitsui Kozan Kaisha, de cités ouvrières pour les travailleurs libres.

Le charbon de Miike appartient à la catégorie des houilles sèches à longue flamme. En voici une analyse.

Eau	0,63			
Carbone fixe	51,10	H.	5,13	p. 100
Matières volatiles	39,06	Az	0,92	p. 100
Cendres	6,80	O	8,92	p. 100
Soufre	3,15			

Nombre de kilogrammes d'eau évaporés à 100° par la combustion de 1 kilogramme de houille de Miike.

Gros	8,64
Noisettes	8,16
Menu	8,02

Le charbon de Miike est chargé sur des jonques à Omuta et transporté à Kuchinotsu, de l'autre côté de la baie de Shimbara. Là il est transbordé sur des vapeurs et dirigé sur Nagasaki, Shanghaï ou Hong-Kong.

A Kuchinotsu les prix moyens des charbons, en 1895, ont été 4ʳ,50 pour le gros et 3ʳ,50 pour le menu.

Pour en finir avec Miike, nous donnons le tableau des productions du bassin de 1877 à 1895.

1877	54.589 tonnes
1880	118.211 —
1885	248.137 —
1890	487.644 —
1891	574.330 —
1892	468.831 —
1893	580.789 —
1894	665.756 —
1895	702.703 —

Nous avons signalé, dans l'île d'Hokkaido (la Route de la Mer du Nord), l'existence d'un autre bassin crétacé. On y trouve de très nombreuses couches de houille intercalées au milieu des bancs secondaires. Les principales exploitations sont celles de Yubari, Sorachi (Kami-Utashinai et Shimo Utashinai), Poronai, Ikushumbetsu.

Ce n'est que depuis 1890 que la mine de Yubari est exploitée, et ce n'est qu'en 1895 qu'elle a commencé à produire. L'exploitation porte sur deux couches de 7 mètres de puissance. On estimait que l'extraction, en 1877, serait de 270.000 tonnes.

La mine de Sorachi exploite les deux concessions de Kami-Utashinai et de Shimo-Utashinai. On y connaît neuf couches, chacune de 2ᵐ,70 de puissance moyenne. Kami-Utashinai a commencé à être exploité en 1898; sa production est aujourd'hui de 150.000 tonnes. Shimo-Utashinai n'a été ouvert qu'en 1895; on estimait que sa production, en 1895, serait de 50.000 tonnes.

La mine de Poronai est la plus ancienne des mines d'Hokkaido. Dès 1879, elle fut mise en exploitation par l'État Japonais qui, en 1889, la vendit à l'Hokkaido Tanko Tetsudo Kaisha (Compagnie des Mines de Houille et des Chemins de fer d'Hokkaido), qui en est le propriétaire actuel. On exploite quatre couches, dont la puissance va de 1^m,50 à 1^m,80. La production annuelle est de 180.000 tonnes.

La mine d'Ikushumbetsu exploite quatre couches de 2^m,10 de puissance moyenne ; la production annuelle varie de 40 à 50.000 tonnes.

Des chiffres qui précèdent il résulte qu'on estimait à environ 690.000 tonnes la production totale de l'île d'Hokkaido en 1897.

La houille d'Hokkaido appartient, comme celle de Kiushu, à la catégorie des houilles sèches à longue flamme. Voici quelques analyses obtenues sur des échantillons des différentes mines.

	Yubari	Sorachi	Poronai	Ikushumbetsu
Densité......	1,2	1,212— 1,231	1,288— 1,223	1,205— 1,28
Humidité....	1,40	2,34 — 3,66	3,64 — 5,50	2,26 — 3,64
Mat. volatiles	42,89	39,65 —40,02	33,90 — 44,36	41,56 —40,07
Carbone fixe	52,50	29,99 —57,60	48,56 — 54,21	44,98 —54,25
Soufre......	0,311	0,439— 1,084	0,37 — 0,51	0,29 — 0,39
Cendres....	4,57	2,38 — 3,66	3,20 —17,24	4,18 — 5,94

L'exportation des charbons d'Hokkaido se fait par les deux ports d'Otaru et de Mororan, qui ne sont ouverts aux navires étrangers que pour le commerce de la houille(*) :

(*) En vertu des traités actuellement en vigueur entre le Japon et les puissances européennes, les seuls ports ouverts au commerce européen sont : Yokohama, Kobe, Osaka, Niigata et Tokio, dans l'île d'Honshiu ; Nagasaki, dans Kiushu ; et Hakodate, dans Hokkaido. En outre, certains ports sont ouverts pour certains commerces spéciaux : par exemple, pour la houille, Otaru et Mororan dans Hokkaido, Moji, Karatsu et Kuchinotsu dans Kiushu. Il y a quelque temps déjà, l'Angleterre a signé un nouveau traité avec le gouvernement mikadonal. Par ce traité, le

Cours des charbons à Otaru en 1895 (en yens).

	Qualité sup.	Qualité inf.	Moyenne
Poronaï	5	4,75	4,88
Yubari	4,55	4,25	4,40
Ikushumbetsu	4,50	4,25	4,38
Sorachi	4,45	4,25	4,35

Commerce de la houille au Japon. — Pendant l'année 1895, les mines japonaises ont produit 4.772.656 tonnes de houille ; les importations étrangères se sont élevées à 68.931 tonnes, soit une offre totale de 4.841.587 tonnes. Pendant la même année, la consommation intérieure s'est élevée à 2.668.074 tonnes ; les exportations ont été de 1.844.815 tonnes, soit en tout une demande de 4.512.884 tonnes. La différence, 328.698 tonnes, représente l'accroissement des stocks.

Consommation intérieure. — La consommation de la houille au Japon est relativement faible (2.668.074 tonnes) ; ce pays est avant tout, en effet, un pays agricole ; non seulement il produit assez de riz pour nourrir sa population de 42 millions d'habitants, mais, en 1895, il en a exporté pour une valeur de 7.200.000 yens. Il est vrai qu'au chapitre des importations le riz figure également pour une somme de 4.350.000 yens.

A côté du riz, qui joue au Japon le rôle du blé dans les pays occidentaux, les cultures industrielles occupent une place importante. En 1895, les exploitations de thé ont atteint 8.450.000 yens. Quant à la culture du mûrier, on peut se faire une idée de son importance en voyant

---

Japon était entièrement ouvert aux Européens qui avaient le droit d'y posséder ; en revanche, l'Angleterre renonçait, pour ses nationaux, à la juridiction consulaire. Ce nouveau traité ne devait être exécutoire qu'en 1900, et après que toutes les nations européennes en auraient conclu de semblables. Lors de notre passage au Japon, deux nations seulement n'avaient pas encore signé de nouveau traité : l'Autriche et la France. Cette dernière vient de le faire il y a peu de mois.

que, la même année, les exportations de la seule soie grège se sont élevées au chiffre énorme de 47.860.000 yens. La culture du camphrier à Kiushu, celle du cotonnier dans tout le sud jouent également un rôle considérable.

Parmi les industries proprement dites, les industries manufacturières sont seules importantes : celle des textiles tient de beaucoup le premier rang. En 1895, la valeur des exportations de tissus de soie a dépassé 15 millions de yens. Comme chiffre d'exportation, les allumettes chimiques tiennent le second rang (4.670.000 yens) ; puis viennent les porcelaines et les cuivres manufacturés.

Par contre, l'industrie métallurgique, celle qui consomme le plus de charbon, existe à peine au Japon, et le réseau des voies ferrées est encore peu développé (2.950 kilomètres en 1895).

Exportations. — Les exportations de houille japonaise, en 1895, se sont élevées à 1.844.815 tonnes. Dans ce nombre, on a compris la houille consommée par les bateaux à vapeur qui font du charbon au Japon (468.747 tonne). Il reste donc, pour l'exportation proprement dite, 1.376.068 tonnes.

Voici comment ce tonnage s'est réparti entre les différents pays importateurs :

Hong-Kong.	606.287 tonnes
Chine (Shanghaï, Chefoo, Foutchéou).	529.127 —
Inde anglaise.	184.065 —
Iles Philippines.	25.470 —
États-Unis.	10.388 —
Sibérie.	7.769 —
Corée.	7.174 —
Canada.	1.876 —
Iles de la Sonde.	1.000 —
Divers.	3.212 —
Total.	1.376.068 —

Il n'a été fait, en 1895, aucune importation de charbon

japonais ni aux îles Hawaï ni au Tonkin. En 1894, les chiffres des importations dans ces deux pays ont été respectivement de 2.800 et 2.580 tonnes.

Les chiffres contenus dans le tableau qui précède n'offrent par eux-mêmes qu'un médiocre intérêt. Le point véritablement intéressant est de voir successivement, pour chaque marché, l'importance de la demande, les concurrents contre lesquels le charbon japonais a à lutter et les conditions dans lesquelles se présente la lutte. C'est par ce dernier point que nous commencerons.

Les seuls charbons qui, à l'heure qu'il est, fassent une concurrence sérieuse à la houille japonaise sont, d'une part, les charbons anglais, de l'autre, les charbons australiens. Ce n'est qu'à San-Francisco que les houilles de la Colombie britannique viennent en contact avec celles du Japon ; l'importation de ces dernières y est d'ailleurs négligeable. Quant aux charbons chinois, ils sont à peine exploités et presque uniquement pour la consommation locale ; nous en reparlerons tout à l'heure.

Le charbon anglais qui vient en Extrême-Orient est très supérieur comme qualité aux charbons japonais. Des essais faits sur des bateaux à vapeur ont montré que, pour produire la puissance motrice créée par la combustion de 15 tonnes de Cardiff, il fallait brûler 18 tonnes de charbon de Miike, premier choix, ou 23 tonnes de Moji. Or, d'après une publication officielle du Gouvernement japonais, les prix moyens des charbons à Singapore seraient les suivants (par tonne) :

	Yens
Cardiff	11,90
Miike	9
Moji	6,5

Dans ces conditions, la dépense nécessaire pour la production d'une même puissance serait de 11^f,90 avec le

Cardiff, 10'.80 avec du Miike, et seulement 10 yens avec
du Moji. L'emploi du charbon japonais procure donc
une économie sérieuse. Il ne faut, d'autre part, pas perdre
de vue que, pour certains usages, les charbons anglais
seront toujours préférés aux charbons japonais ; c'est le
cas de la marine de guerre, qui doit remplir les soutes
de ses bateaux avec des charbons de premier choix, de
façon à leur donner une grande distance franchissable.

En-deçà de Singapore, dans l'océan Indien, le charbon
anglais règne en maître.

Les charbons australiens proviennent, pour la plus
grande partie, de la Nouvelle-Galles du Sud, dont la production, en 1894, a été de 3.672.076 tonnes. Le Queensland
et Victoria ont produit respectivement, la même année,
270.705 tonnes et 171.660 tonnes. Sur place, ces charbons valent environ 2'.95 la tonne ; le fret vient augmenter considérablement leur prix aux points de consommation, comme le montre le tableau suivant.

Fret par tonne de houille de Newcastle (N. S. W.) aux points suivants :

Hong-Kong et Singapore.........	8 shillings
San-Francisco....................	11 —
Honolulu (Iles Hawaï)...........	11 —
Guayaquil (Équateur).............	15 —
Manille..........................	10 —
Valparaiso.......................	10 —

Les charbons australiens, ne différant pas beaucoup
comme qualité, des charbons japonais ne peuvent lutter
contre ces derniers que dans des conditions d'égalité ou
d'infériorité de prix. Aussi les ports de Chine leur sont-
ils presque complètement fermés. A Singapore, le charbon australien se vend un peu plus de 8 dollars (*) (Miike, 9 ;

______

(*) Le dollar dont il s'agit est le dollar de Hong-Kong (argent) pesant
un peu plus que notre pièce de 5 francs, mais ne valant guère que
2 fr. 50, par suite de la baisse du métal blanc.

et Moji, 6.5). Dans ces conditions, on en a, en 1895, importé 42.000 tonnes. Aux Philippines, l'avantage appartient aux charbons de la Nouvelle-Galles du Sud (48.564 tonnes); les importations japonaises ne se sont élevées qu'à 25.470 tonnes. A Java, l'écart est encore plus sensible (23.364 tonnes contre 1.000 tonnes).

Voici, d'ailleurs, à titre de renseignement, le tableau des exportations de houille de N. S. Wales dans les différents pays, en 1895.

Pays d'exportation	Poids tonnes	Valeur £
Victoria	742.316	256,137
Queensland	25.918	9,580
South-Australia	153.258	51,947
West-Australia	63.555	18.472
Tasmanie	62.030	20.788
Nouvelle-Zélande	159.407	50.347
Fiji	18.878	6.982
Hong-Kong	11.406	»
Inde	43.651	18.574
Les Détroits	42.000	18.565
Chine	15.079	7.447
Chili	308.530	116.197
Panama	18.812	7.078
Iles de la Sonde	23.364	8.460
Luçon	48.564	18.080
San-Francisco	220.800	»
Pérou	27.223	10.205
Hawaï	44.436	16.233

La Chine contient de très importantes réserves de houille, notamment dans le Shan-Tung (l'est de la Montagne), le Shan-Si (l'ouest de la Montagne), la Mandchourie. Des couches de houille viennent affleurer jusque dans l'enceinte du palais impérial de Pékin. D'autres gisements existent dans le bassin de Yang-tsé-Kiang. La plupart de ces gisements ont été ou sont encore exploités, mais uniquement pour la consommation locale. Les Chinois, ne

sachant pas épuiser, s'arrêtent d'ailleurs dès qu'ils
arrivent au niveau de l'eau. Il semble vraisemblable que
cet état de choses va bientôt se modifier, et on doit
s'attendre à voir alors les charbons chinois faire une
sérieuse concurrence aux charbons japonais (*).

Examinons maintenant successivement les différents
marchés de l'Extrême-Orient.

1° HONG-KONG.

Importation en 1895.

Provenance		Poids		Prix moyen yens ou dollars (**)
Houilles japonaises	Müke........	213.613	gros.	7
			tout-venant.	6
	Moji.........	241.148		5 à 6,75
	Yubari	23.604		6
	Karatsu......	1.800		»
	Takashima..	5.993	gros.........	6,5
			menu	5,5
		486.155		
	Cardiff......	62.923		13 à 14,5
	Australie....	11.406		7.25 à 8
Tonkin	Hone-Gay...	33.039	gros.........	5,50 à 6
			menu	2,50
	Kébao.......	18.800	gros........	5 à 5,50
			menu	3,50
	Chine	5.700		
		131.868		
	Total....	618.023		

On voit, d'après ce tableau, que plus des 3/4 du
charbon consommé à Hong-Kong vient du Japon. On
remarquera le faible prix des menus provenant de Hone-
Gay et de Kébao. Ces menus constituent de beaucoup la

(*) Il convient, en parlant des mines chinoises, de citer la mine de
Shan-hai-Kwan, qui se trouve sur le golfe du Petchili aux confins de la
Mandchourie. Elle est reliée à Tientsin par un chemin de fer. L'admi-
nistration est chinoise; mais la direction technique a été confiée à des
Anglais.

(**) Voir les notes des pages 7 et 17.

plus grande partie de l'extraction de ces mines. On commence à en faire des briquettes en les mélangeant avec du charbon japonais.

2° SHANG-HAÏ.

Importations pendant les sept premiers mois de 1895.

Provenance		Poids	Valeur en taëls (*)
Miike	gros	39.419	5,50
	tout-venant	13.587	4,75
Takashima		4.719	»
Moji		95.217	4,50
Nagasaki		86.452	4,20
Karatsu		6.066	»
		245.490	
Cardiff		4.500	11,00
Australie		17.379	10,50
Chine		31.644	»
Formose		530	»
		51.020	

Pendant tout le cours de l'année 1895, les importations de houille japonaise à Shang-Haï se sont élevées à 361.487 tonnes ; celles des houilles étrangères, à 73.028 tonnes, ce qui fait un total de 434.215. Sur les 31.644 tonnes de provenance chinoise, 12.325 tonnes sont venues de Han-Keou (Hankow) par le Yang-tsé-Kiang.

3° SINGAPORE.

Importation de houille en 1895.

Provenance	Poids	Valeur en dollars
Japon	194.053	1.583.869
Angleterre	149.762	1.843.440
Australie	42.279	863.450
Bornéo (Labuan)	29.843	180.403
» (Sarawak)	18.004	121.455
Calcutta	18.773	156.839
Tonkin	8.004	53.547
Total	460.715	4.104.813

(*) Le taël vaut environ 3 fr. 80.

Les importations à Penang, en 1895, se sont élevées à 7.378 tonnes valant 88.056 dollars. Presque tout ce tonnage (7.308 tonnes) vient d'Angleterre.

4° VLADIVOSTOCK.

Importation en 1895.

Japon	8.583	tonnes
Cardiff	8.101	—
Ile de Sakhalin	9.535	—
Chefoo	1.800	—
	28.019	—

5° GENSAN (CORÉE).

Consommation en 1895, 3.228 tonnes provenant pour la totalité du Japon (Gensan est, en réalité, une colonie japonaise en Corée).

LE CUIVRE.

Le cuivre est, après la houille, le produit le plus important du sous-sol japonais ; mais, tandis que, pendant les dernières années, le chiffre de l'extraction houillère a beaucoup augmenté, la production du cuivre est restée sensiblement stationnaire, comme il résulte du tableau suivant.

Années	Production (*)	Exportation
1890	18.115.468 kg.	19.410.964 kg.
1891	19.033.079	16.525.590
1892	20.726.723	17.979.605
1893	18.005.200	15.318.125
1894	?	15.242.455

En 1893, la répartition de la production entre les différentes préfectures du Japon s'est faite de la façon suivante :

(*) Le kin, ou livre chinoise, vaut 600 grammes.

	Production en kilog.	P. 100 du total
Totsigi	5.290.954	29,4
Yechine (Ile de Shikoku)	3.436.508	17,4
Akita	3.015.332	16,8
Okayama	1.258.934	6,9
Shimane	884.312	4,9
Miyasaki	880.874	4,9
Ichigawa	630.193	3,5
Niigata	628.954	3,5
Divers	2.289.137	12,7
	18.005.200	100

Les mines les plus importantes sont celles d'Ashio dans la préfecture de Totsigi et celles de Besshi dans Yechine.

Ashio. — Ashio se trouve dans la haute vallée du Watarawase-Gawa, à une faible distance de Nikko, si célèbre par les mausolées d'Ieyasu et d'Iemitsu, les fondateurs de la dynastie des shoguns Tokugawa. Un transport aérien par câble de près de 4.500 mètres de longueur, passant au-dessous du Hosoo-toge, fait communiquer Ashio avec le fond de la vallée de Nikko. Un tramway à chevaux réunit la base du transport aérien à la gare de cette localité.

Le sous-sol des environs de Nikko est constitué par des roches d'origine éruptive, parmi lesquelles les rhyolites dominent ; on les observe avec une particulière netteté à Nikko même et sur la rive Nord du lac de Chuzenji au pied du Nantai-san. C'est sur la bordure méridionale du massif rhyolitique, au contact des roches éruptives et des schistes qu'est situé Ashio. Les filons se trouvent indifféremment dans les deux formations. On connaît une dizaine de veines : trois seulement sont activement exploitées ; deux d'entre elles, orientées presque exactement E. W., sont sensiblement verticales ; la troisième, de direction N. E.-S. W., plonge vers le S. E., en faisant avec l'horizon un angle d'environ 45°.

Le minerai est un mélange de pyrite de fer et de chalcopyrite avec parfois un peu de cuivre panaché. On le trouve le plus souvent à l'état d'imprégnations dans la roche encaissante partiellement transformée en quartz. Sa teneur est très faible, en général; aussi doit-il être enrichi par une préparation mécanique; les grenailles sont passées dans des bacs à piston, les fines dans des spitzkasten et sur des tables tournantes. Les eaux de lavage acides étaient autrefois envoyées directement au Watarawase-Gawa. Elles sont actuellement recueillies dans de grands bassins de décantation et neutralisées par un lait de chaux.

Le traitement métallurgique a lieu sur place : il débute par un grillage en stalle pour les gros morceaux, au réverbère pour les menus. Lors de notre visite, on était en train de construire, le long de la colline, une cheminée rampante pour évacuer l'acide sulfureux.

La fusion pour matte a lieu dans six « waterjackets ». Les quatre plus anciens ont une capacité de 15 tonnes par vingt-quatre heures; ils possèdent quatre tuyères sur chacun des grands côtés. Les deux derniers ont une capacité de 30 tonnes et huit tuyères sur chacun des grands côtés. Le vent est fourni par un ventilateur Roots.

La matte à 55 p. 100 de cuivre obtenue est refondue au cubilot et passée au convertisseur Manhès. Les convertisseurs, au nombre de quatre, ont une capacité d'une tonne; la durée de chaque opération est d'environ une heure. Au bout de six à sept opérations, il faut refaire le revêtement. Des quatre convertisseurs il n'y en a jamais deux *à la fois* en marche; chacun des quatre convertisseurs ne marche jamais qu'isolément. La production journalière de l'usine est d'environ 12 tonnes de métal à 98 p. 100 de cuivre. Le métal est raffiné aux environs de Tokio par la voie électrolytique.

Les salaires sont relativement élevés à Tokio : les

mineurs gagnent 60 sens par jour (1 fr. 50) ; les manœuvres, de 30 à 50 sens (0 fr. 80 à 0 fr. 30) ; les femmes, 20 sens (0 fr. 50). Ces salaires, disons-nous, quelque faibles qu'ils paraissent, sont relativement élevés. Une récente enquête, instituée au Japon, sur la condition des ouvriers, a établi que la famille japonaise moyenne se composait, outre le chef de famille de 4,9 individus. Le salaire moyen du chef de famille ne s'élève qu'à 39ˢ,8, auxquels il faut ajouter 18ˢ,8 représentant le salaire des autres membres de la famille, ce qui fait un total de 58ˢ,6. Quant aux dépenses journalières courantes, elles ne s'élèveraient qu'au chiffre invraisemblable de 46ˢ,8 (moins de 1 fr. 20). Le riz figurerait dans ce total pour 24ˢ,5 ; les autres aliments pour 5ˢ,5, le loyer pour 5ˢ,5 également (*).

Besshi. — La mine de Besshi se trouve dans la préfecture de Yechine sur la côte ouest de l'île de Shikoku (en japonais, les Quatre Provinces). Bien qu'à une quinzaine de kilomètres seulement, à vol d'oiseau, de la côte, elle se trouve déjà à une altitude considérable. Le port de Besshi est Niihama ; c'est là que la majeure partie du minerai est traitée. Un chemin de fer de 10 à 12 kilomètres de longueur en plaine relie Niihama au hameau de Tatsukawa. Là la voie ferrée s'arrête, et il faut franchir un escarpement de 5 à 600 mètres. Un transport aérien par câble y a été établi, mais l'installation actuelle est tout à fait insuffisante pour le trafic, et la plus grande partie des provisions à destination de la mine est montée à dos de femme. Lors de notre visite, on était en train d'installer un nouveau tramway aérien. Celui-ci sera

---

(*) Depuis 1873, le salaire nominal moyen a augmenté de plus de 30 p. 100. Loin d'augmenter, le salaire réel a, au contraire, décru, le prix des denrées s'étant beaucoup accru. De 187 à 1895, le prix du riz a augmenté de 65 p. 100.

actionné par un moteur, tandis que l'ancien était mû uniquement par la gravité

Partant de la station supérieure du transport aérien, un chemin de fer établi à flanc de coteau va jusqu'à l'entrée de la galerie principale du roulage de la mine. Cette galerie traverse de part en part la montagne; c'est de l'autre côté que se trouve le petit village de Besshi.

On exploite à Besshi un filon assez puissant de chalcopyrite. Le développement des travaux est considérable : au moment de notre visite, on venait d'achever le fonçage d'un puits de 544 mètres de profondeur; on y installait une puissante machine d'extraction, construite à Londres. Un petit compresseur de la *Rand drill C°* actionne quatre perforateurs dans la mine.

Le minerai est assez pauvre dans l'ensemble. Il subit un grillage en tas à Besshi même; une faible partie du minerai est complètement élaborée sur place; de beaucoup la plus grande partie est traitée à Niihama.

Le minerai grillé subit une double fusion pour matte : la première fusion s'effectue dans quatre waterjackets circulaires à avant avec settler parallélipipédique. La matte obtenue contient environ 30 p. 100 de métal; on la casse à la main et on la grille en stalles. La fusion pour deuxième matte se fait dans deux waterjackets identiques aux premiers.

La deuxième matte à 55 p. 100 de cuivre est traitée au réverbère. Les réverbères, au nombre de trois, donnent, au dire des ingénieurs japonais, du métal à 99 p. 100 de cuivre; une opération de raffinage porte cette teneur à 99,7 p. 100.

Une certaine quantité de cuivre est obtenue à Besshi en traitant par cémentation les eaux cuivreuses de la mine.

Les salaires sont beaucoup plus bas à Besshi qu'à Ashio : les ouvriers sont divisés en cinq classes, dont les salaires s'échelonnent de 25 à 30 sens par jour (0 fr. 65 à 0 fr. 75). Il est vrai de dire que le salaire réel est beaucoup augmenté par l'organisation d'un économat qui fournit le riz aux ouvriers à un prix très inférieur à celui du commerce.

EXPORTATION DE CUIVRE.

1° *Lingots bruts.*

	1894		1895	
	Poids (en kilogr.)	Valeur (en yens)	Poids (en kilogr.)	Valeur (en yens)
Corée...............	37.060	11.062	57.545	20.757
Chine...............	1.396.070	426.072	272.087	96.287
Hong-Kong...........	1.923.518	568.870	2.079.247	709.280
Angleterre..........	1.332.080	454.619	763.967	254.702
France.............	100.850	34.479	»	»
Allemagne	515.315	168.539	632.980	212.143
Inde anglaise.......	462.232	140.556	75.073	47.381
Divers	17	6	144	60
Total	5.847.242	1.799.432	3.881.043	1.340.580

2° *Lingots de deuxième fusion.*

	1894		1895	
	Poids (en kilogr.)	Valeur (en yens)	Poids (en kilogr.)	Valeur (en yens)
Corée...............	53.480	18.516	35.207	13.497
Chine...............	537.339	182.935	204.630	77.867
Hong-Kong...........	2.262.097	686.092	3.082.103	1.005.026
Angleterre..........	492.044	169.063	516.560	182.669
France.............	»	»	»	»
Allemagne	176.300	59.764	1.074.275	364.379
Hawaï	»	»	143.853	48.250
Amérique du Nord..	50.400	14.784	»	»
Inde anglaise.......	72.694	24.710	2.029	»
Divers	»	»	25	9
Total	3.644.931	1.155.862	5.058.724	1.693.376

3° *Cuivre manufacturé* (1894).

Corée........................	8.306 kilog.
Chine.......................	705.469 —
Hong-Kong..................	4.638.455 —
Inde anglaise...............	436.496 —

ANTIMOINE.

En 1895, la valeur des exportations d'antimoine s'est élevée à 289.935 yens. C'est principalement dans les deux préfectures de Yechine et de Nara que cet antimoine est produit. En 1894, la mine d'Ichinogawa, non loin de Besshi, a expédié 740.000 yens de stibine brute. L'usine de Saijo, a, en outre, produit 450.000 kins (270.000 kilogrammes) d'antimoine correspondant à un poids inconnu de stibine.

La mine de Totsugawa (préfecture de Nara) a, la même année, produit 533.000 kins de sulfure d'antimoine.

Dans la préfecture de Yamaguchi, il a été produit 120.000 kins d'antimoine et 365.000 tonnes de stibine. Dans les préfectures de Kochi et d'Oita, on a respectivement extrait 117.003 et 72.000 kins de minerai d'antimoine.

En 1894, la valeur moyenne de la stibine extraite a été de 7ᵉʳ,90 environ les 100 kins (60 kilogrammes), l'antimoine métallique valant environ le double.

EXPORTATIONS DANS LES DIFFÉRENTS PAYS (1895).

Chine.....................	13.228 yens
France....................	10.248 —
Allemagne.................	11.311 —
Angleterre................	23.777 —
Hollande..................	3.694 —
Hong-Kong.................	155.578 —
États-Unis................	72.095 —

Dans le tableau qui précède nous n'indiquons pas de tonnage, parce que la statistique japonaise, d'où ces chiffres sont tirés, ne fait pas de distinction entre la stibine et l'antimoine métallique; ce n'est guère qu'aux États-Unis qu'on exporte ce dernier.

LE FER.

Le Japon est pauvre en fer: il existe des gisements de fer filonien dans la préfecture d'Iwate et des sables magnétiques en assez grande abondance dans les préfectures de Shimane, de Tottori et d'Hiroshima. Ces trois préfectures produisent un peu de fer, mais il est obtenu par d'anciens procédés métallurgiques et impropre à la plupart des usages industriels.

En 1894, il n'a été produit, dans tout l'empire, que 15.760 tonnes de fonte, 4.015 tonnes de fer, et 932 tonnes d'acier.

Presque tout le fer employé au Japon vient d'Europe; nous croyons intéressant d'indiquer la part de chaque pays dans les importations.

Les chiffres que nous donnons se rapportent à 1895.

1° *Fer en barres.*

	Kilogr.	Valeur déclarée en yens
Belgique	21.307.229	937.164
Angleterre	17.185.605	865.360
Allemagne	5.358.231	254.825
France	228.845	21.239
Suède	72.619	5.242

2° *Rails.*

	Kilogr.	Valeur déclarée en yens
Angleterre	24.673.295	866.443
Belgique	882.554	39.138
Allemagne	426.626	19.649

3° *Acier.*

	Kilogr.	Valeur déclarée en yens
Angleterre...............	2.889.361	387.782
Allemagne...............	959.246	88.459
Suède...................	118.904	11.729
France..................	82.268	8.560
Belgique	67.936	4.739
États-Unis..............	30.175	2.176

4° *Tôle de fer.*

	Kilogr.	Valeur déclarée en yens
Angleterre...............	12.681.334	709.115
Belgique	3.319.880	179.083
Allemagne...............	479.438	27.856
France..................	17.564	2.403

5° *Clous en fer.*

	Kilogr.	Valeur déclarée en yens
Allemagne...............	12.019.459	1.065.844
Angleterre...............	1.277.708	107.908
Belgique	1.132.808	94.028
États-Unis..............	60.565	5.062
France..................	35.186	3.543

L'OR.

En 1895, la production de l'or au Japon s'est élevée
à 631 kilogrammes (en diminution de 83 kilogrammes
sur 1894). Cet or est surtout produit dans la préfecture
de Kagoshima (île de Kiushu); outre des filons, on y
exploite des alluvions. En 1893, la production de ces
dernières s'est élevée à 60.000 yens.

Dans l'île de Sado, sur la côte occidentale de Honshiu,
se trouve une mine très importante, celle d'Aikawa. Nous
n'avons malheureusement sur elle que des renseignements déjà anciens.

D'avril à décembre 1891, la production de la mine a été :

Or	167	kgs
Ag	2.750	—
Cu	14.045	—
Pb	3.590	—
Sulfate de cuivre	264.000	—

La préfecture d'Akita produit également une certaine quantité d'or.

L'ARGENT.

En 1895 et 1894, la production de l'argent au Japon a été respectivement de 54.815 et 60.665 kilogrammes.

Nous n'avons pas sous les yeux la répartition de la production entre les différentes préfectures pendant ces deux années. En 1893, la production totale a été 2.320.444 yens. Dans ce total, la préfecture d'Akita figure pour 1.355.467 yens ; celle de Gifu, pour 332.403 yens ; celle de Fukushima, pour 255.169 yens.

Parmi les mines d'argent du Japon nous citerons, en première ligne, celle d'Innai, dans le sud de la préfecture d'Akita. Dans la préfecture de Gifu, la mine la plus importante se trouve aux environs d'Hirayu sur les flancs du volcan de Norikura, à plus de 2.000 mètres d'altitude. Une autre mine se trouve aux environs de Funatsu, mi-chemin entre Takayama et Toyama. Dans la préfecture d'Hiogo, nous citerons la mine d'Ikuno. La mine se trouve à quelque distance du village de ce nom, où se fait le traitement métallurgique ; un chemin de fer à voie étroite y apporte le minerai ; le traitement se fait par le Russell process (grillage chlorurant et dissolution par l'hyposulfite de soude avec addition de sulfate de cuivre). Il est question d'établir un chemin de fer d'Ikuno à Himeji.

LE PÉTROLE.

Il existe une région pétrolifère, près d'Amase, dans la préfecture d'Echigo. En 1893, la production de ce district a dépassé 12.000.000 litres. Le complément de l'huile consommée au Japon vient des États-Unis et de Russie. En 1895, on a importé pour 3.000.000 yens d'huile de Pensylvanie, et pour 1.200.000 yens d'huile russe. En 1894, on avait importé pour 4.000.000 yens d'huile américaine, et 1.000.000 yens seulement d'huile du Caucase.

LE SOUFRE.

Le Japon produit une certaine quantité de soufre provenant de solfatares. Cette production tend à diminuer. Presque tout le soufre produit est exporté aux États-Unis.

Tours. — Imprimerie Deslis Frères.

TOURS

IMPRIMERIE DESLIS FRÈRES

6, rue Gambetta, 6